Cuentos Caprichosos: Historias Bilingües en Inglés y Español

Artici Kids

Published by Artici Kids, 2024.

CUENTOS CAPRICHOSOS: HISTORIAS BILINGÜES EN INGLÉS Y ESPAÑOL

First edition. June 12, 2024.

Copyright © 2024 Artici Kids.

ISBN: 979-8224166220

Written by Artici Kids.

Table of Contents

The Lyrical Llama of Llamaville

In the quaint town of Llamaville, nestled between rolling green hills and babbling brooks, lived a most peculiar llama named Lola. Now, Lola wasn't like any ordinary llama you'd find grazing in the fields. Oh no! Lola had a talent that set her apart from the rest - she could sing!

From the moment she was a young cria, Lola's voice echoed through the valleys with a melodic charm that enchanted everyone who heard it. Her woolly friends would gather around her as she crooned sweet melodies, filling the air with joy and laughter. But despite her incredible gift, Lola felt a pang of loneliness deep within her heart.

You see, while the other llamas admired her talent, they couldn't quite understand it. They preferred munching on grass and frolicking in the meadows, while Lola longed for something more. She dreamed of sharing her music with the world beyond Llamaville, but she didn't know how to make her dream come true.

One sunny morning, as Lola was practicing her latest tune by the sparkling stream, she heard a rustling in the bushes. Out popped a mischievous little mouse named Miguel, his whiskers twitching with excitement.

"Wowee, Lola! Your voice is simply stupendous!" exclaimed Miguel, his tiny eyes sparkling with admiration.

Lola blushed with pleasure. "Oh, thank you, Miguel! But what good is my singing if I'm stuck here in Llamaville? I want to share it with everyone!"

Miguel's whiskers quivered with excitement. "Well, Lola, I've got an idea! Why don't we put on a concert right here in Llamaville? We'll invite all the animals from miles around, and you can serenade them with your sensational songs!"

Lola's eyes lit up with hope. "Do you really think they'd come, Miguel? Even the humans?"

Miguel nodded vigorously. "Absolutely! And who knows? Maybe someone in the audience will be so impressed by your talent that they'll help you take your music beyond Llamaville!"

And so, with Miguel as her trusty sidekick, Lola set to work preparing for the grandest concert Llamaville had ever seen. They plastered posters on trees and fences, inviting every creature in the land to come and witness Lola's magical performance.

The day of the concert arrived, and the sun shone brightly overhead as animals of all shapes and sizes gathered in the meadow. There were chirping birds, chattering chipmunks, and even a family of friendly foxes, all eager to hear Lola's legendary voice.

As Lola stepped onto the makeshift stage, a hush fell over the crowd. She closed her eyes and took a deep breath, feeling the warmth of the sun on her back and the love of her friends surrounding her. And then, with a voice as clear as a bell, she began to sing.

Her song soared through the air, weaving its way into the hearts of everyone who listened. The birds tweeted along in harmony, the chipmunks tapped their tiny feet, and even the foxes couldn't help but sway to the rhythm. It was a magical moment, unlike anything Llamaville had ever seen.

When Lola reached the final notes of her song, the crowd erupted into thunderous applause. Tears of joy glistened in her eyes as she took a bow, feeling more grateful than ever for the gift of her voice.

But the greatest surprise was yet to come. As the applause died down, a figure emerged from the crowd - a tall, kind-looking man with a twinkle in his eye.

"Bravo, Lola! That was simply magnificent!" he exclaimed, clapping enthusiastically.

Lola blinked in astonishment. "Thank you, sir! But who are you?"

The man chuckled. "I'm a talent scout for a record label in the city, and I must say, I've never heard a voice quite like yours. How would you like to come with me and make a record?"

Lola's heart skipped a beat with excitement. "Really? You mean it?"

The man nodded, his smile widening. "Absolutely! With your talent, you'll be a star in no time!"

And so, with Miguel by her side and a song in her heart, Lola bid farewell to Llamaville and set off on the adventure of a lifetime. But no matter where her music took her, she never forgot the friends and the town that had believed in her from the very beginning.

And as for Llamaville? Well, it may have lost its singing llama, but it gained something far more precious - the knowledge that dreams really do come true, as long as you believe in yourself and never stop chasing your passions.

La Llama Lírica de Llamavilla

En el pintoresco pueblo de Llamavilla, ubicado entre verdes colinas ondulantes y arroyos murmurantes, vivía una llama muy peculiar llamada Lola. Ahora, Lola no era como cualquier otra llama que encontrarías pastando en los campos. ¡Oh no! Lola tenía un talento que la distinguía del resto: ¡podía cantar!

Desde el momento en que era una cría joven, la voz de Lola resonaba por los valles con un encanto melódico que encantaba a todos los que la escuchaban. Sus amigos lanudos se reunían a su alrededor mientras entonaba dulces melodías, llenando el aire de alegría y risas. Pero a pesar de su increíble don, Lola sentía un pinchazo de soledad en lo más profundo de su corazón.

Verás, aunque las otras llamas admiraban su talento, no podían entenderlo del todo. Preferían mordisquear hierba y corretear por los prados, mientras que Lola anhelaba algo más. Soñaba con compartir su música con el mundo más allá de Llamavilla, pero no sabía cómo hacer realidad su sueño.

Una soleada mañana, mientras Lola practicaba su última melodía junto al arroyo brillante, escuchó un rustle en los arbustos. De repente, salió un pequeño y travieso ratón llamado Miguel, con sus bigotes temblando de emoción.

"¡Caray, Lola! ¡Tu voz es simplemente estupenda!" exclamó Miguel, con sus diminutos ojos brillando de admiración.

Lola se ruborizó de placer. "¡Oh, gracias, Miguel! Pero, ¿de qué sirve mi canto si estoy atrapada aquí en Llamavilla? ¡Quiero compartirlo con todos!"

Los bigotes de Miguel temblaron de emoción. "Bueno, Lola, ¡tengo una idea! ¿Por qué no organizamos un concierto aquí mismo en Llamavilla? ¡Invitaremos a todos los animales de los alrededores, y tú podrás deleitarlos con tus sensacionales canciones!"

Los ojos de Lola se iluminaron de esperanza. "¿Realmente crees que vendrían, Miguel? ¿Incluso los humanos?"

Miguel asintió vigorosamente. "¡Absolutamente! ¿Y quién sabe? ¡Quizás alguien en la audiencia quede tan impresionado por tu talento que te ayude a llevar tu música más allá de Llamavilla!"

Y así, con Miguel como su fiel compañero, Lola se puso manos a la obra para preparar el concierto más grandioso que Llamavilla hubiera visto jamás. Pegaron carteles en los árboles y las cercas, invitando a todas las criaturas de la tierra a presenciar la mágica actuación de Lola.

Llegó el día del concierto, y el sol brillaba intensamente sobre las cabezas mientras animales de todas las formas y tamaños se reunían en el prado. Había pájaros piando, ardillas parloteando e incluso una familia de zorros amigables, todos ansiosos por escuchar la voz legendaria de Lola.

Cuando Lola subió al escenario improvisado, un silencio cayó sobre la multitud. Cerró los ojos y respiró profundamente, sintiendo el calor del sol en su espalda y el amor de sus amigos a su alrededor. Y entonces, con una voz clara como una campana, comenzó a cantar.

Su canción se elevó por el aire, abriéndose camino en los corazones de todos los que la escuchaban. Los pájaros piaban en armonía, las ardillas golpeaban sus pequeños pies, e incluso los zorros no podían evitar moverse al ritmo. Fue un momento mágico, diferente a todo lo que Llamavilla había visto antes.

Cuando Lola llegó a las últimas notas de su canción, la multitud estalló en un aplauso atronador. Lágrimas de alegría brillaban en sus ojos mientras se inclinaba, sintiéndose más agradecida que nunca por el regalo de su voz.

Pero la mayor sorpresa estaba aún por llegar. Cuando los aplausos se apagaron, una figura emergió de la multitud, un hombre alto y amable con un destello en los ojos.

"¡Bravo, Lola! ¡Eso fue simplemente magnífico!" exclamó, aplaudiendo entusiastamente.

Lola parpadeó asombrada. "¡Gracias, señor! Pero, ¿quién es usted?"

El hombre se rió entre dientes. "Soy un cazatalentos de una discográfica en la ciudad, y debo decir que nunca he escuchado una voz como la tuya. ¿Cómo te gustaría venir conmigo y hacer un disco?"

El corazón de Lola dio un vuelco de emoción. "¿De verdad? ¿Lo dices en serio?"

El hombre asintió, su sonrisa ensanchándose. "¡Absolutamente! Con tu talento, ¡serás una estrella en poco tiempo!"

Y así, con Miguel a su lado y una canción en su corazón, Lola se despidió de Llamavilla y se embarcó en la aventura de su vida. Pero no importaba a dónde la llevara su música, nunca olvidó a los amigos y al pueblo que habían creído en ella desde el principio.

Y en cuanto a Llamavilla... Bueno, puede que haya perdido a su llama cantante, pero ganó algo mucho más preciado: el conocimiento de que los sueños realmente se hacen realidad, siempre y cuando creas en ti mismo y nunca dejes de perseguir tus pasiones.

The Whimsical Birthday Bash of Bumbleton Manor

In the heart of Bumbleton Manor, nestled between towering oak trees and fragrant flower beds, lived a most extraordinary little girl named Penelope Pumpernickel. Penelope wasn't your average girl-next-door; she was a whirlwind of wonder and whimsy, with a penchant for peculiar parties. And as luck would have it, today was her birthday!

Now, Penelope's birthday parties were no ordinary affairs. Oh no! They were legendary extravaganzas that left the entire town buzzing with excitement for weeks on end. From petting zoos filled with pygmy elephants to bouncy castles made entirely of jelly, there was never a dull moment at a Penelope Pumpernickel party.

But this year, Penelope had something truly spectacular planned - a magical masquerade ball fit for a fairy queen! She had spent weeks crafting the most enchanting invitations, adorned with glittering gold ink and delicate lace trimmings. And as the sun dipped below the horizon, casting a warm glow over Bumbleton Manor, the guests began to arrive in droves.

There were jesters juggling jellied beans, acrobats performing pirouettes on pogo sticks, and even a troupe of talking animals reciting poetry in perfect harmony. The air was alive with laughter and music, and Penelope couldn't help but dance with joy as she greeted each new arrival.

But amidst the revelry and merriment, Penelope couldn't shake the feeling that something was missing. You see, no matter how grand the party, no birthday celebration was complete without a surprise guest of honor. And Penelope had just the person in mind - her long-lost uncle, Barnaby Bumbleton, the world-famous explorer!

Ever since she was a little girl, Penelope had been captivated by her uncle's tales of adventure and discovery. From scaling snow-capped mountains to traversing treacherous jungles, Barnaby had seen it all. But despite his daring escapades, he had always made time to send Penelope postcards from his travels, each one filled with tales of his latest exploits.

But as the years passed, Barnaby's letters grew fewer and farther between, until one day they stopped altogether. Penelope had searched high and low for her uncle, scouring every corner of Bumbleton Manor in the hopes of finding a clue to his whereabouts. But alas, her efforts had been in vain, and she had almost given up hope of ever seeing him again.

But tonight, as she stood beneath the twinkling stars, surrounded by her dearest friends and family, Penelope felt a glimmer of hope stir within her heart. Perhaps, just perhaps, her uncle was out there somewhere, waiting to be reunited with his beloved niece on her special day.

Determined to find him, Penelope enlisted the help of her most trusted companions - a mischievous band of woodland creatures led by a wise old owl named Ollie. Together, they set off into the moonlit forest, following the faintest whisper of a trail that led deeper into the heart of the woods.

As they journeyed deeper into the darkness, Penelope's heart pounded with anticipation. Every rustle of the leaves, every creak of the branches, sent shivers down her spine as she searched for any sign of her uncle's presence. And then, just when she least expected it, they stumbled upon a clearing bathed in silver moonlight.

And there, standing amidst a carpet of wildflowers, was none other than Barnaby Bumbleton himself, his eyes twinkling with delight as he beheld his niece once more. With a cry of joy, Penelope rushed into his outstretched arms, feeling the warmth of his embrace envelop her like a comforting cloak.

"Oh, Uncle Barnaby! I've missed you so much!" she exclaimed, tears of happiness streaming down her cheeks.

Barnaby smiled down at her, his weathered face crinkling with affection. "And I've missed you too, my dear Penelope. But what on earth are you doing out here in the middle of the night?"

Penelope beamed up at him, her eyes sparkling with excitement. "It's my birthday, Uncle! And I couldn't think of a better gift than having you here with me."

Barnaby's eyes widened in surprise. "Your birthday? Well, why didn't you say so? I wouldn't miss it for the world!"

And so, hand in hand, Penelope and her uncle made their way back to Bumbleton Manor, where the party was still in full swing. As they entered the ballroom, the guests erupted into cheers and applause, their faces alight with joy at the sight of the long-lost explorer.

And as the night wore on, with music and laughter ringing through the air, Penelope knew that this was a birthday she would never forget. For in the end, it wasn't the grandeur of the party or the extravagance of the gifts that mattered most; it was the love and laughter shared with those who mattered most. And as long as she had her family and friends by her side, Penelope knew that she was truly the luckiest girl in the world.

La Fiesta de Cumpleaños Caprichosa de la Mansión Bumbleton

En el corazón de la Mansión Bumbleton, entre altos robles y fragantes parterres de flores, vivía una niña extraordinaria llamada Penélope Pumpernickel. Penélope no era una chica corriente y moliente; era un torbellino de maravilla y fantasía, con un gusto por las fiestas peculiares. ¡Y por suerte, hoy era su cumpleaños!

Ahora bien, las fiestas de cumpleaños de Penélope no eran asuntos ordinarios. ¡Oh no! Eran extravagancias legendarias que dejaban a toda la ciudad zumbando de emoción durante semanas. Desde zoológicos de mascotas llenos de elefantes pigmeos hasta castillos inflables hechos completamente de gelatina, nunca había un momento aburrido en una fiesta de Penélope Pumpernickel.

Pero este año, Penélope tenía algo realmente espectacular planeado: ¡un baile de máscaras mágico digno de una reina de las hadas! Había pasado semanas confeccionando las invitaciones más encantadoras, adornadas con tinta dorada brillante y delicados encajes. Y mientras el sol se ocultaba bajo el horizonte, arrojando un cálido resplandor sobre la Mansión Bumbleton, los invitados comenzaron a llegar en masa.

Había bufones malabareando con judías gelatinosas, acróbatas haciendo piruetas en palos de pogo e incluso un grupo de animales parlantes recitando poesía en perfecta armonía. El aire estaba lleno de risas y música, y Penélope no pudo evitar bailar de alegría mientras saludaba a cada nuevo invitado.

Pero en medio de la juerga y la diversión, Penélope no podía quitarse la sensación de que algo faltaba. Verás, no importaba cuán grandiosa fuera la fiesta, ninguna celebración de cumpleaños estaba completa sin un invitado sorpresa de honor. ¡Y Penélope tenía justo a la persona en mente: su tío perdido, Barnaby Bumbleton, el explorador mundialmente famoso!

Desde que era una niña, Penélope había quedado cautivada por los relatos de aventura y descubrimiento de su tío. Desde escalar montañas nevadas hasta atravesar junglas traicioneras, Barnaby lo había visto todo. Pero a pesar de sus hazañas atrevidas, siempre se había tomado el tiempo de enviarle a Penélope postales de sus viajes, cada una llena de relatos de sus últimas hazañas.

Pero con el paso de los años, las cartas de Barnaby se volvieron menos frecuentes, hasta que un día dejaron de llegar por completo. Penélope había buscado por todas partes a su tío, escudriñando cada rincón de la Mansión Bumbleton con la esperanza de encontrar una pista sobre su paradero. Pero, desafortunadamente, sus esfuerzos habían sido en vano, y casi había perdido la esperanza de volver a verlo.

Pero esta noche, mientras estaba bajo las estrellas titilantes, rodeada de sus amigos y familiares más queridos, Penélope sintió un destello de esperanza revolotear en su corazón. Quizás, solo quizás, su tío estaba por ahí en algún lugar, esperando reunirse con su amada sobrina en su día especial.

Decidida a encontrarlo, Penélope reclutó la ayuda de sus compañeros más confiables: una traviesa banda de criaturas del bosque liderada por una sabia lechuza llamada Ollie. Juntos, se adentraron en el bosque iluminado por la luz de la luna, siguiendo el susurro más tenue de un sendero que los llevaba más adentro en el corazón del bosque.

A medida que se adentraban en la oscuridad, el corazón de Penélope latía con anticipación. Cada crujido de las hojas, cada chirrido de las ramas, le enviaba escalofríos por la espalda mientras buscaba cualquier señal de la presencia de su tío. Y entonces, justo cuando menos lo esperaba, tropezaron con un claro bañado por la luz plateada de la luna.

Y allí, parado en medio de una alfombra de flores silvestres, estaba nada menos que Barnaby Bumbleton él mismo, sus ojos brillando de alegría al ver a su sobrina una vez más. Con un grito de alegría, Penélope corrió hacia sus brazos extendidos, sintiendo el calor de su abrazo envolverla como un manto reconfortante.

"¡Oh, tío Barnaby! ¡Te he extrañado tanto!" exclamó, con lágrimas de felicidad corriendo por sus mejillas.

Barnaby sonrió hacia abajo, su rostro curtido arrugándose con afecto. "Y yo también te he extrañado, querida Penélope. Pero, ¿qué demonios haces aquí en medio de la noche?"

Penélope le sonrió, sus ojos brillando de emoción. "¡Es mi cumpleaños, tío! Y no podría pensar en un mejor regalo que tenerte aquí conmigo."

Los ojos de Barnaby se abrieron de sorpresa. "¿Tu cumpleaños? Bueno, ¿por qué no lo dijiste antes? ¡No me lo perdería por nada del mundo!"

Y así, de la mano, Penélope y su tío regresaron a la Mansión Bumbleton, donde la fiesta aún estaba en pleno apogeo. Al entrar en el salón de baile, los invitados estallaron en aplausos y vítores, con los rostros iluminados de alegría al ver al explorador perdido hace mucho.

Y mientras la noche avanzaba, con música y risas resonando en el aire, Penélope supo que este sería un cumpleaños que nunca olvidaría. Porque al final, no era la grandeza de la fiesta o la extravagancia de los regalos lo que más importaba; era el amor y la risa compartidos con aquellos que más importaban. Y mientras tuviera a su familia y amigos a su lado, Penélope sabía que era verdaderamente la niña más afortunada del mundo.

The Whimsical Adventures of Sparkle the Unicorn

In the rolling meadows of the Enchanted Forest, where rainbow-colored butterflies danced on the breeze and the scent of magic lingered in the air, there lived a most extraordinary creature named Sparkle the Unicorn. With a mane as bright as the morning sun and eyes that shimmered like diamonds, Sparkle was the most wondrous unicorn in all the land.

But Sparkle was different from the other unicorns. While they spent their days grazing in the fields and frolicking in the meadows, Sparkle longed for adventure. She dreamed of exploring distant lands and discovering hidden treasures, but her fellow unicorns thought her aspirations were foolish.

"You should be content with the beauty of the Enchanted Forest, Sparkle," they would say. "There's no need to go searching for excitement elsewhere."

But Sparkle refused to be discouraged. She knew in her heart that there was a world beyond the borders of the forest just waiting to be explored, and she was determined to see it for herself.

One sunny morning, as Sparkle was admiring her reflection in the crystal-clear waters of the enchanted stream, she heard a rustling in the bushes nearby. Out popped a curious little fairy named Twinkle, her wings shimmering with iridescent hues.

"Hello, Sparkle!" exclaimed Twinkle, her voice tinkling like wind chimes. "I couldn't help but overhear your desire for adventure. Would you like some company on your travels?"

Sparkle's eyes lit up with excitement. "Oh, Twinkle! I would love nothing more than to have you by my side as we explore the world beyond the Enchanted Forest!"

And so, with Twinkle as her trusty companion, Sparkle set off on the adventure of a lifetime. They traversed dense forests filled with towering trees and crossed rushing rivers teeming with colorful fish. They climbed snow-capped mountains and traversed vast deserts, all the while marveling at the wonders of the world around them.

But their greatest adventure came when they stumbled upon a hidden valley nestled between two towering peaks. In the center of the valley stood a magnificent castle, its spires reaching towards the sky like fingers stretching towards the sun.

Intrigued by the sight, Sparkle and Twinkle approached the castle cautiously, their hearts pounding with excitement. But as they drew closer, they were greeted by a fearsome dragon guarding the entrance, its scales gleaming in the sunlight.

"Halt, intruders!" roared the dragon, its voice echoing through the valley like thunder. "Who dares to trespass upon the domain of the mighty Dragon King?"

Sparkle stepped forward bravely, her eyes shining with determination. "We mean no harm, mighty Dragon King. We are merely travelers seeking shelter and food for the night."

The dragon eyed them suspiciously, but after a moment's consideration, it stepped aside, allowing them to enter the castle grounds. Inside, they were greeted by a sight more magnificent than anything they could have imagined.

The castle was filled with treasures beyond compare - glittering jewels, shimmering gold, and precious artifacts from a thousand lands. But what caught Sparkle's eye the most was the throne at the far end of the hall, where a regal unicorn sat gazing out over his kingdom with eyes as wise as the stars.

"Welcome, travelers," said the Unicorn King, his voice gentle yet commanding. "I am pleased to see visitors in my realm once more. Please, make yourselves at home."

Sparkle and Twinkle were awestruck by the Unicorn King's hospitality, and they spent the evening regaling him with tales of their adventures. They told him of the Enchanted Forest and the wonders they had seen along the way, and the Unicorn King listened intently, his eyes shining with interest.

But as the night wore on, Sparkle couldn't shake the feeling that something was amiss. She sensed a sadness in the Unicorn King's eyes, a longing for something lost.

"What troubles you, Your Majesty?" asked Sparkle, her voice filled with concern.

The Unicorn King sighed heavily. "Long ago, my kingdom was a place of joy and prosperity, where all creatures lived in harmony. But then, a great darkness fell upon the land, and my beloved queen was taken from me. Since then, I have ruled alone, longing for the day when peace and happiness will return to the Enchanted Valley."

Sparkle's heart went out to the Unicorn King, and she knew that she had to help him in any way she could. And so, with Twinkle's assistance, she set out to uncover the truth behind the darkness that had befallen the kingdom.

Their journey led them deep into the heart of the Enchanted Forest, where they encountered all manner of magical creatures - from mischievous pixies to wise old wizards. But no matter where they went, they could find no trace of the darkness that plagued the Unicorn King's kingdom.

Just when they were beginning to lose hope, they stumbled upon a hidden cave concealed behind a waterfall. Inside, they found a wicked sorcerer plotting to overthrow the Unicorn King and seize control of the kingdom for himself.

Determined to put an end to the sorcerer's evil plans, Sparkle and Twinkle confronted him head-on, using all their wits and bravery to outsmart him at every turn. And in the end, it was their courage and determination that saved the Enchanted Valley from destruction.

With the sorcerer defeated and peace restored to the kingdom, Sparkle and Twinkle bid farewell to the Unicorn King and set off once more on their travels. But no matter where they went, they knew that their greatest adventure would always be the one they shared together, as friends bound by magic and friendship.

And as for the Enchanted Valley? Well, it may have lost its darkness, but it gained something far more precious - the knowledge that even in the darkest of times, there is always hope, as long as you have friends to guide you along the way.

Las Aventuras Caprichosas de Destello, el Unicornio

En los prados ondulantes del Bosque Encantado, donde las mariposas de colores arcoíris bailaban en la brisa y el aroma de la magia se quedaba suspendido en el aire, vivía una criatura extraordinaria llamada Destello, el Unicornio. Con una melena tan brillante como el sol de la mañana y ojos que centelleaban como diamantes, Destello era el unicornio más maravilloso de todo el país.

Pero Destello era diferente de los otros unicornios. Mientras ellos pasaban sus días pastando en los campos y jugueteando en los prados, Destello anhelaba la aventura. Soñaba con explorar tierras lejanas y descubrir tesoros ocultos, pero sus compañeros unicornios pensaban que sus aspiraciones eran tontas.

"Deberías contentarte con la belleza del Bosque Encantado, Destello," solían decir. "No hay necesidad de buscar emoción en otro lugar."

Pero Destello se negaba a desanimarse. Sabía en su corazón que había un mundo más allá de los límites del bosque esperando ser explorado, y estaba decidida a verlo por sí misma.

Una soleada mañana, mientras Destello admiraba su reflejo en las aguas cristalinas del arroyo encantado, escuchó un rumor en los arbustos cercanos. De repente apareció una pequeña y curiosa hada llamada Destellos, sus alas centelleando con tonos iridiscentes.

"¡Hola, Destello!" exclamó Destellos, su voz tintineando como campanillas al viento. "No pude evitar escuchar tu deseo de aventura. ¿Te gustaría tener compañía en tus viajes?"

Los ojos de Destello se iluminaron de emoción. "¡Oh, Destellos! No habría nada que me gustara más que tenerte a mi lado mientras exploramos el mundo más allá del Bosque Encantado."

Y así, con Destellos como su fiel compañera, Destello partió en la aventura de su vida. Atravesaron densos bosques llenos de árboles imponentes y cruzaron ríos turbulentos rebosantes de peces coloridos. Escalaron montañas cubiertas de nieve y atravesaron vastos desiertos, maravillándose todo el tiempo de las maravillas del mundo que los rodeaba.

Pero su mayor aventura llegó cuando tropezaron con un valle oculto entre dos picos imponentes. En el centro del valle se erguía un magnífico castillo, sus torres alcanzando el cielo como dedos extendiéndose hacia el sol.

Intrigadas por la vista, Destello y Destellos se acercaron al castillo con cautela, sus corazones latiendo con emoción. Pero a medida que se acercaban, fueron recibidas por un dragón temible que guardaba la entrada, sus escamas reluciendo a la luz del sol.

"¡Deténganse, intrusos!" rugió el dragón, su voz resonando por el valle como truenos. "¿Quién se atreve a invadir el dominio del poderoso Rey Dragón?"

Destello dio un paso adelante valientemente, sus ojos brillando con determinación. "No tenemos intenciones malignas, poderoso Rey Dragón. Solo somos viajeros buscando refugio y comida por la noche."

El dragón las miró con sospecha, pero después de un momento de consideración, se apartó, permitiéndoles entrar en los terrenos del castillo. Dentro, fueron recibidas por una vista más magnífica de lo que podrían haber imaginado.

El castillo estaba lleno de tesoros incomparables: joyas resplandecientes, oro reluciente y artefactos preciosos de mil tierras. Pero lo que más llamó la atención de Destello fue el trono al final del salón, donde un unicornio regio estaba sentado contemplando su reino con ojos tan sabios como las estrellas.

"Bienvenidos, viajeras," dijo el Rey Unicornio, su voz gentil pero autoritaria. "Me complace ver visitantes en mi reino una vez más. Por favor, siéntanse como en casa."

Destello y Destellos quedaron impresionadas por la hospitalidad del Rey Unicornio, y pasaron la noche contándole relatos de sus aventuras. Le hablaron del Bosque Encantado y de las maravillas que habían visto en el camino, y el Rey Unicornio escuchó atentamente, sus ojos brillando con interés.

Pero a medida que pasaba la noche, Destello no pudo sacarse la sensación de que algo no estaba bien. Percibió una tristeza en los ojos del Rey Unicornio, un anhelo por algo perdido.

"¿Qué te preocupa, Majestad?" preguntó Destello, su voz llena de preocupación.

El Rey Unicornio suspiró profundamente. "Hace mucho tiempo, mi reino era un lugar de alegría y prosperidad, donde todas las criaturas vivían en armonía. Pero luego, una gran oscuridad cayó sobre la tierra, y mi amada reina fue arrancada de mí. Desde entonces, he gobernado solo, anhelando el día en que la paz y la felicidad regresen al Valle Encantado."

El corazón de Destello se conmovió por el Rey Unicornio, y supo que tenía que ayudarlo de cualquier manera que pudiera. Y así, con la ayuda de Destellos, se dispuso a descubrir la verdad detrás de la oscuridad que había caído sobre el reino.

Su viaje las llevó al corazón del Bosque Encantado, donde se encontraron con todo tipo de criaturas mágicas, desde traviesos duendes hasta sabios magos ancianos. Pero no importaba a dónde fueran, no podían encontrar rastro de la oscuridad que afectaba al reino del Rey Unicornio.

Justo cuando estaban empezando a perder la esperanza, tropezaron con una cueva oculta detrás de una cascada. Dentro, encontraron a un malvado hechicero tramando derrocar al Rey Unicornio y tomar el control del reino para sí mismo.

Decididas a poner fin a los planes malvados del hechicero, Destello y Destellos lo enfrentaron directamente, usando toda su astucia y valentía para burlarlo en cada paso. Y al final, fue su coraje y determinación lo que salvó al Valle Encantado de la destrucción.

Con el hechicero derrotado y la paz restaurada en el reino, Destello y Destellos se despidieron del Rey Unicornio y partieron una vez más en sus viajes. Pero no importaba a dónde fueran, sabían que su mayor aventura siempre sería la que compartían juntas, como amigas unidas por la magia y la amistad.

Y en cuanto al Valle Encantado? Bueno, puede que haya perdido su oscuridad, pero ganó algo mucho más preciado: el conocimiento de que incluso en los momentos más oscuros, siempre hay esperanza, mientras tengas amigos que te guíen en el camino.

The Bumbling Adventures of Gerald the Goat

In the quaint countryside village of Willowbrook, nestled between rolling hills and babbling brooks, there lived a most peculiar goat named Gerald. Now, Gerald wasn't like any ordinary goat you might find grazing in the fields. Oh no! Gerald had a talent for stumbling and bumbling his way through life like no other.

From the moment he was a young kid, Gerald's clumsiness was evident to all who knew him. He tripped over his own hooves, knocked over milk pails, and even managed to get tangled in the fence more times than anyone could count. Despite his best efforts, Gerald just couldn't seem to stay on his feet.

But despite his clumsiness, Gerald was determined to make the most of every day. He may have been prone to mishaps and mayhem, but he had a heart of gold and a spirit that couldn't be dampened by a few tumbles.

One sunny morning, as Gerald was attempting to navigate his way through the village square without causing too much chaos, he heard a commotion coming from the nearby bakery. Curious, Gerald trotted over to investigate, his hooves clattering on the cobblestone streets.

Inside the bakery, Gerald found the baker, Mrs. Potts, in a state of distress. Her prized pie for the village bake-off had gone missing, and with the competition only hours away, she was beside herself with worry.

"Oh, Gerald!" exclaimed Mrs. Potts when she saw the clumsy goat standing in the doorway. "I'm in such a pickle! My pie has disappeared, and I don't know what to do!"

Gerald's ears perked up with interest. Despite his clumsiness, he was always eager to lend a helping hoof whenever he could. "Don't worry, Mrs. Potts! I'll do everything I can to help you find your pie!"

And so, with Gerald leading the way and Mrs. Potts trailing behind, they set off on a quest to solve the mystery of the missing pie. They searched high and low, peeking behind bushes and under benches, but there was no sign of the elusive pastry anywhere.

Just when they were beginning to lose hope, Gerald spotted a trail of crumbs leading away from the bakery and down the winding path towards the forest. With renewed determination, he followed the trail, his hooves slipping and sliding on the slippery ground.

Deeper and deeper into the forest they went, until they stumbled upon a clearing bathed in sunlight. And there, sitting in the middle of the clearing, was a mischievous group of woodland creatures feasting on Mrs. Potts' missing pie!

Gerald's eyes widened in surprise, but before he could say a word, the animals scattered in all directions, leaving behind nothing but a few stray crumbs and a trail of hoofprints in the dirt.

Undeterred, Gerald and Mrs. Potts set to work gathering up the remaining crumbs and piecing together the mystery. With Gerald's keen sense of smell and Mrs. Potts' sharp wit, they soon uncovered the truth - the pie had been stolen by a band of hungry squirrels who had mistaken it for their own.

With the mystery solved and the pie recovered, Gerald and Mrs. Potts returned to the village square just in time for the bake-off. And despite their misadventures, their pie was declared the winner, much to the delight of the villagers.

From that day forward, Gerald's clumsiness was celebrated rather than scorned. He may have been prone to the occasional mishap, but his heart was always in the right place, and his determination to help others never wavered.

And as for Mrs. Potts? Well, she couldn't have been more grateful to have a friend like Gerald by her side. Together, they proved that even the clumsiest of creatures can make a difference in the world, one stumble at a time.

Las Torpes Aventuras de Gerardo, el Cabrito

En el pintoresco pueblo campestre de Willowbrook, entre colinas ondulantes y arroyos murmurantes, vivía un cabrito muy peculiar llamado Gerardo. Ahora, Gerardo no era como cualquier cabrito común que podrías encontrar pastando en los campos. ¡Oh no! Gerardo tenía un talento para tropezar y dar tumbos por la vida como ningún otro.

Desde el momento en que era un joven cabrito, la torpeza de Gerardo era evidente para todos los que lo conocían. Tropezaba con sus propias pezuñas, derribaba cubos de leche e incluso lograba enredarse en la cerca más veces de las que cualquiera podía contar. A pesar de sus mejores esfuerzos, Gerardo simplemente no parecía poder mantenerse en pie.

Pero a pesar de su torpeza, Gerardo estaba decidido a aprovechar al máximo cada día. Podía ser propenso a contratiempos y al caos, pero tenía un corazón de oro y un espíritu que no podía ser apagado por unos cuantos tropiezos.

Una soleada mañana, mientras Gerardo intentaba abrirse paso por la plaza del pueblo sin causar demasiado caos, escuchó un alboroto que venía de la panadería cercana. Curioso, Gerardo trotó para investigar, sus pezuñas resonando en las calles adoquinadas.

Dentro de la panadería, Gerardo encontró a la panadera, la señora Potts, en un estado de angustia. Su preciada tarta para el concurso de pasteles del pueblo había desaparecido, y con la competencia a solo horas de distancia, estaba desesperada de preocupación.

"¡Oh, Gerardo!" exclamó la señora Potts cuando vio al cabrito torpe parado en la puerta. "¡Estoy en un aprieto! ¡Mi tarta ha desaparecido, y no sé qué hacer!"

Las orejas de Gerardo se levantaron con interés. A pesar de su torpeza, siempre estaba ansioso por tender una pezuña de ayuda cuando pudiera. "¡No te preocupes, señora Potts! ¡Haré todo lo posible para ayudarte a encontrar tu tarta!"

Y así, con Gerardo liderando el camino y la señora Potts siguiéndolo, partieron en una búsqueda para resolver el misterio de la tarta desaparecida. Buscaron por todos lados, mirando detrás de arbustos y debajo de bancos, pero no había señales del esquivo pastel por ninguna parte.

Justo cuando estaban empezando a perder la esperanza, Gerardo vio un rastro de migas que conducía lejos de la panadería y por el sendero serpenteante hacia el bosque. Con renovada determinación, siguió el rastro, sus pezuñas resbalando y deslizándose sobre el suelo resbaladizo.

Cada vez más adentro en el bosque iban, hasta que tropezaron con un claro bañado por la luz del sol. Y allí, sentado en medio del claro, ¡había un travieso grupo de criaturas del bosque deleitándose con la tarta perdida de la señora Potts!

Los ojos de Gerardo se abrieron de sorpresa, pero antes de que pudiera decir una palabra, los animales se dispersaron en todas direcciones, dejando atrás nada más que unas cuantas migas dispersas y un rastro de huellas de pezuñas en el barro.

Sin dejarse desanimar, Gerardo y la señora Potts se pusieron a trabajar recolectando las migas restantes y reconstruyendo el misterio. Con el agudo sentido del olfato de Gerardo y la perspicacia de la señora Potts, pronto descubrieron la verdad: la tarta había sido robada por una banda de ardillas hambrientas que la habían confundido con la suya.

Con el misterio resuelto y la tarta recuperada, Gerardo y la señora Potts regresaron a la plaza del pueblo justo a tiempo para el concurso de pasteles. Y a pesar de sus desventuras, su tarta fue declarada la ganadora, para deleite de los habitantes del pueblo.

Desde ese día en adelante, la torpeza de Gerardo fue celebrada en lugar de ser ridiculizada. Podía ser propenso al ocasional contratiempo, pero su corazón siempre estaba en el lugar correcto, y su determinación para ayudar a los demás nunca vaciló.

Y en cuanto a la señora Potts? Bueno, no podría haber estado más agradecida de tener un amigo como Gerardo a su lado. Juntos, demostraron que incluso las criaturas más torpes pueden marcar la diferencia en el mundo, un tropiezo a la vez.

The Terrific Tale of Tommy and the Thunderstorm

In the sleepy town of Willowville, nestled between towering trees and cozy cottages, lived a curious young boy named Tommy. Tommy was an adventurous lad, always eager to explore every nook and cranny of his little corner of the world. But there was one thing that sent shivers down his spine and made him hide under his blanket – thunderstorms!

Now, Tommy wasn't afraid of many things. He could handle spooky stories and creepy crawlies with ease. But when it came to thunderstorms, he turned into a trembling jellybean. The crash of thunder and the flash of lightning filled him with dread, and he would scurry to his bed, pulling the covers over his head until the storm had passed.

But one fateful afternoon, as Tommy was playing in his backyard, he noticed something different in the sky. Dark clouds began to gather overhead, and the air grew heavy with anticipation. Tommy's heart skipped a beat as he realized what was coming – a thunderstorm was on its way!

Panicked, Tommy raced indoors and hid beneath his bedcovers, squeezing his eyes shut tight. But as the first rumble of thunder echoed through the air, he couldn't help but peek out from beneath the safety of his blanket. And what he saw took his breath away.

Outside his window, the world was alive with energy. Lightning danced across the sky, illuminating the clouds in a breathtaking display of color and light. The rain poured down in torrents, drumming a rhythm on the roof that seemed to echo the beating of Tommy's heart.

Despite his fear, Tommy found himself drawn to the window, unable to tear his eyes away from the spectacle unfolding before him. He watched in awe as the storm raged on, each flash of lightning and clap of thunder filling him with a sense of wonder he had never known before.

And then, as suddenly as it had begun, the storm began to subside. The clouds parted, revealing a sky painted with the most vibrant shades of pink and orange. A rainbow arched gracefully across the horizon, its colors shimmering in the fading light.

Tommy's fear melted away as he gazed out at the beauty of the world after the storm. He realized that while thunderstorms may be scary, they were also incredibly awe-inspiring. They were a reminder of the power and majesty of nature, and the importance of facing our fears head-on.

With a newfound sense of courage, Tommy ventured outside to explore the aftermath of the storm. He splashed through puddles, danced in the rain, and marveled at the way the world seemed to come alive in the wake of the tempest.

And as he watched the last rays of sunlight fade from the sky, Tommy knew that he would never again hide from a thunderstorm. Instead, he would embrace them for what they were – a magnificent spectacle of nature's might, and a reminder to always find beauty in even the darkest of moments.

From that day forward, whenever a storm rolled in, Tommy would stand at his window, watching with wonder as the lightning danced across the sky and the thunder roared in the distance. And though he still felt a twinge of fear in his heart, he knew that it was outweighed by the sheer joy of experiencing nature's power up close.

And as for Willowville? Well, it may have been a sleepy town, but it was filled with brave souls like Tommy, who knew that even the fiercest storms couldn't dampen the spirit of adventure that lived in their hearts.

La Estupenda Historia de Tommy y la Tormenta

En el apacible pueblo de Willowville, encajado entre árboles gigantes y acogedoras cabañas, vivía un joven curioso llamado Tommy. Tommy era un muchacho aventurero, siempre ansioso por explorar cada rincón de su pequeño rincón del mundo. Pero había una cosa que le enviaba escalofríos por la espalda y lo hacía esconderse bajo su manta: ¡las tormentas eléctricas!

Ahora bien, Tommy no tenía miedo de muchas cosas. Podía manejar historias espeluznantes y bichos extraños con facilidad. Pero cuando se trataba de tormentas eléctricas, se convertía en un flan tembloroso. El estruendo del trueno y el destello del relámpago lo llenaban de temor, y se apresuraba a meterse en la cama, tirando de las mantas sobre su cabeza hasta que pasara la tormenta.

Pero una tarde fatídica, mientras Tommy jugaba en su patio trasero, notó algo diferente en el cielo. Nubes oscuras comenzaron a acumularse en el cielo, y el aire se volvió pesado de anticipación. El corazón de Tommy dio un vuelco cuando se dio cuenta de lo que se acercaba: ¡una tormenta eléctrica estaba en camino!

En pánico, Tommy corrió hacia adentro y se escondió bajo las mantas de su cama, apretando los ojos con fuerza. Pero cuando el primer retumbo de trueno resonó en el aire, no pudo evitar asomarse desde debajo de la seguridad de su manta. Y lo que vio le quitó el aliento.

Fuera de su ventana, el mundo estaba lleno de energía. El relámpago bailaba en el cielo, iluminando las nubes en una impresionante exhibición de color y luz. La lluvia caía en torrentes, marcando un ritmo en el techo que parecía hacer eco al latido del corazón de Tommy.

A pesar de su miedo, Tommy se encontró atraído por la ventana, incapaz de apartar la mirada del espectáculo que se desarrollaba ante él. Miró maravillado mientras la tormenta continuaba, cada destello de relámpago y estallido de trueno lo llenaba de un sentido de asombro que nunca antes había conocido.

Y luego, tan repentinamente como había comenzado, la tormenta comenzó a calmarse. Las nubes se separaron, revelando un cielo pintado con los tonos más vibrantes de rosa y naranja. Un arco iris se arqueaba graciosamente en el horizonte, sus colores brillando en la luz que se desvanecía.

El miedo de Tommy se desvaneció mientras contemplaba la belleza del mundo después de la tormenta. Se dio cuenta de que aunque las tormentas eléctricas pueden ser aterradoras, también son increíblemente impresionantes. Son un recordatorio del poder y la majestuosidad de la naturaleza, y de la importancia de enfrentar nuestros miedos de frente.

Con un nuevo sentido de valentía, Tommy salió a explorar las secuelas de la tormenta. Chapoteó en los charcos, bailó bajo la lluvia y se maravilló de cómo el mundo parecía cobrar vida en la estela del temporal.

Y mientras observaba los últimos rayos de sol desvanecerse en el cielo, Tommy supo que nunca más se escondería de una tormenta eléctrica. En su lugar, las abrazaría por lo que eran: un magnífico espectáculo del poder de la naturaleza y un recordatorio de encontrar siempre belleza incluso en los momentos más oscuros.

Desde ese día en adelante, cada vez que se acercaba una tormenta, Tommy se paraba en su ventana, observando con asombro cómo el relámpago bailaba en el cielo y el trueno rugía a lo lejos. Y aunque aún sentía un atisbo de miedo en su corazón, sabía que era superado por la pura alegría de experimentar el poder de la naturaleza de cerca.

Y en cuanto a Willowville? Bueno, puede que fuera un pueblo tranquilo, pero estaba lleno de almas valientes como Tommy, quienes sabían que ni las tormentas más feroces podían apagar el espíritu de aventura que habitaba en sus corazones.

The Curious Case of Detective Whiskers

In the bustling town of Meowington, where the streets were lined with fish stalls and the air was filled with the scent of catnip, there lived a feline of remarkable intelligence named Whiskers. With sleek black fur and eyes as sharp as emeralds, Whiskers was no ordinary cat. He had a knack for solving mysteries that left even the cleverest of kittens in awe.

One sunny afternoon, as Whiskers lounged lazily on his favorite windowsill, he overheard a group of alley cats whispering about a puzzling disappearance. It seemed that Mrs. Fluffykins, the town's most beloved canary, had vanished without a trace from her cage in the pet store.

Intrigued by the mystery, Whiskers sprang into action, his curiosity piqued. With a flick of his tail and a twitch of his whiskers, he set off to uncover the truth behind Mrs. Fluffykins' disappearance.

His first stop was the pet store itself, where he questioned the owner, Mr. Paws, about the events leading up to the disappearance. Mr. Paws recounted how he had left Mrs. Fluffykins alone in her cage for just a few minutes while he tended to a customer, only to return and find her gone without a trace.

Whiskers inspected the cage carefully, searching for any clues that might shed light on what had happened. And then, just as he was about to give up hope, he spotted something glinting in the corner – a tiny feather, caught on the edge of the cage.

With a triumphant meow, Whiskers snatched up the feather in his mouth and dashed out of the pet store, his mind racing with possibilities. He knew that this feather was the key to solving the mystery, and he was determined to follow it wherever it might lead.

His first stop was the alley behind the pet store, where he found a group of mischievous alley cats gathered around a trash can, their whiskers twitching with excitement. Whiskers approached them cautiously, his eyes narrowed in suspicion.

"Did any of you happen to see anything unusual around the pet store today?" he asked, his voice sharp with authority.

The alley cats exchanged nervous glances, but none of them spoke up. They seemed to be hiding something, and Whiskers was determined to find out what it was.

Just then, a small tabby kitten stepped forward, her eyes wide with fear. "I-I saw something, Detective Whiskers," she stammered, her voice barely above a whisper. "I saw a strange cat sneaking around the pet store just before Mrs. Fluffykins disappeared."

Whiskers' ears perked up with interest. "A strange cat, you say? Can you describe him?"

The kitten nodded, her tail swishing anxiously behind her. "He was big and black, with a scar across one eye. And he had a feather stuck to his fur, just like the one you're holding."

With a sinking feeling in his stomach, Whiskers realized that he was dealing with a cat he knew all too well – the notorious alley cat known as Scarface.

Determined to track down Scarface and uncover the truth behind Mrs. Fluffykins' disappearance, Whiskers set off in hot pursuit, following the trail of feathers through the winding streets of Meowington.

His search led him to the outskirts of town, where he found Scarface lurking in the shadows of an abandoned alley, a sinister glint in his eye.

"Well, well, well, if it isn't Detective Whiskers," sneered Scarface, his voice dripping with contempt. "What brings you to my neck of the woods, detective?"

Whiskers narrowed his eyes, his tail lashing angrily behind him. "I know it was you, Scarface. You're the one who stole Mrs. Fluffykins from her cage, and I intend to prove it."

Scarface laughed mockingly, his whiskers twitching with amusement. "Prove it? Ha! You don't have any evidence against me, Whiskers. It's your word against mine, and we both know who they'll believe."

But Whiskers wasn't about to back down. With a swift swipe of his paw, he lunged at Scarface, determined to bring him to justice once and for all.

A fierce struggle ensued, with claws flashing and fur flying as Whiskers and Scarface battled for control. But in the end, it was Whiskers who emerged victorious, pinning Scarface to the ground with a triumphant yowl.

With Scarface securely restrained, Whiskers returned Mrs. Fluffykins to her cage, much to the delight of Mr. Paws and the residents of Meowington. And as for Scarface? Well, he was promptly whisked off to the local animal shelter, where he would no longer pose a threat to the peace and security of the town.

From that day forward, Whiskers was hailed as a hero in Meowington, revered for his bravery and cunning in the face of danger. And as he lounged lazily on his favorite windowsill once more, basking in the adoration of the townsfolk, he knew that he was destined for many more adventures in the days to come.

El Curioso Caso del Detective Bigotes

En el bullicioso pueblo de Maullavilla, donde las calles estaban bordeadas de puestos de pescado y el aire estaba impregnado del olor a hierba gatera, vivía un felino de inteligencia notable llamado Bigotes. Con su pelaje negro reluciente y ojos tan agudos como esmeraldas, Bigotes no era un gato común y corriente. Tenía un don para resolver misterios que dejaba incluso a los gatitos más astutos impresionados.

Una tarde soleada, mientras Bigotes descansaba perezosamente en su alféizar favorito, escuchó a un grupo de gatos callejeros susurrando sobre una desaparición misteriosa. Parecía que la Sra. Esponjitas, el canario más querido del pueblo, había desaparecido sin dejar rastro de su jaula en la tienda de mascotas.

Intrigado por el misterio, Bigotes se puso en acción, su curiosidad aguijoneada. Con un movimiento de su cola y un guiño de sus bigotes, se dispuso a descubrir la verdad detrás de la desaparición de la Sra. Esponjitas.

Su primera parada fue la tienda de mascotas en sí, donde cuestionó al dueño, el Sr. Patitas, sobre los eventos que llevaron a la desaparición. El Sr. Patitas relató cómo había dejado sola a la Sra. Esponjitas en su jaula por solo unos minutos mientras atendía a un cliente, solo para regresar y encontrarla desaparecida sin dejar rastro.

Bigotes inspeccionó la jaula cuidadosamente, buscando cualquier pista que pudiera arrojar luz sobre lo que había sucedido. Y entonces, justo cuando estaba a punto de perder la esperanza, vio algo brillante en la esquina: una pequeña pluma, atrapada en el borde de la jaula.

Con un maullido triunfante, Bigotes tomó la pluma con la boca y salió corriendo de la tienda de mascotas, su mente llena de posibilidades. Sabía que esta pluma era la clave para resolver el misterio, y estaba decidido a seguirla dondequiera que lo llevara.

Su primera parada fue el callejón detrás de la tienda de mascotas, donde encontró a un grupo de gatos callejeros traviesos reunidos alrededor de un bote de basura, sus bigotes temblando de emoción. Bigotes se acercó a ellos con cautela, sus ojos estrechándose en sospecha.

"¿Alguno de ustedes vio algo inusual alrededor de la tienda de mascotas hoy?" preguntó, su voz llena de autoridad.

Los gatos callejeros intercambiaron miradas nerviosas, pero ninguno habló. Parecían estar escondiendo algo, y Bigotes estaba decidido a descubrir qué era.

Justo en ese momento, una pequeña gatita atigrada dio un paso adelante, sus ojos llenos de miedo. "Y-yo vi algo, Detective Bigotes", balbuceó, su voz apenas por encima de un susurro. "Vi a un gato extraño merodeando alrededor de la tienda de mascotas justo antes de que desapareciera la Sra. Esponjitas".

Los oídos de Bigotes se aguzaron con interés. "¿Un gato extraño, dices? ¿Puedes describirlo?"

La gatita asintió, su cola moviéndose ansiosamente detrás de ella. "Era grande y negro, con una cicatriz sobre un ojo. Y tenía una pluma pegada a su pelaje, justo como la que tienes en tu boca".

Con un sentimiento de desánimo en el estómago, Bigotes se dio cuenta de que estaba tratando con un gato que conocía demasiado bien: el notorio gato callejero conocido como Cicatriz.

Decidido a encontrar a Cicatriz y descubrir la verdad detrás de la desaparición de la Sra. Esponjitas, Bigotes se puso en marcha en una persecución ardiente, siguiendo el rastro de plumas por las sinuosas calles de Maullavilla.

Su búsqueda lo llevó a las afueras del pueblo, donde encontró a Cicatriz acechando en las sombras de un callejón abandonado, un destello siniestro en su mirada.

"Bien, bien, bien, si no es el Detective Bigotes", escupió Cicatriz, su voz goteando con desprecio. "¿Qué te trae a mi zona, detective?"

Bigotes estrechó los ojos, su cola agitándose enojada detrás de él. "Sé que fuiste tú, Cicatriz. Tú eres el que robó a la Sra. Esponjitas de su jaula, y tengo la intención de probarlo".

Cicatriz se rió burlonamente, sus bigotes temblando con diversión. "¿Probarlo? ¡Ja! No tienes ninguna evidencia contra mí, Bigotes. Es tu palabra contra la mía, y ambos sabemos a quién creerán".

Pero Bigotes no iba a retroceder. Con un rápido golpe de su pata, se lanzó hacia Cicatriz, decidido a llevarlo ante la justicia de una vez por todas.

Se desató una lucha feroz, con garras parpadeando y pelos volando mientras Bigotes y Cicatriz luchaban por el control. Pero al final, fue Bigotes quien emergió victorioso, sujetando a Cicatriz en el suelo con un maullido triunfante.

Con Cicatriz asegurado firmemente, Bigotes devolvió a la Sra. Esponjitas a su jaula, para deleite del Sr. Patitas y los residentes de Maullavilla. ¿Y Cicatriz? Bueno, fue llevado rápidamente al refugio de animales local, donde ya no representaría una amenaza para la paz y la seguridad del pueblo.

A partir de ese día, Bigotes fue aclamado como un héroe en Maullavilla, venerado por su valentía y astucia ante el peligro. Y mientras se recostaba perezosamente en su alféizar favorito una vez más, disfrutando de la adoración de los habitantes del pueblo, sabía que estaba destinado a muchas más aventuras en los días venideros.

The Enchanting Tale of Willow the Tree Fairy

In the heart of the enchanted forest, where ancient trees whispered secrets and sunlight filtered through the leaves like golden threads, lived a whimsical fairy named Willow. With shimmering wings and a mischievous twinkle in her eyes, Willow was the guardian of the forest, watching over its inhabitants with care and kindness.

But Willow was unlike any other fairy in the forest. While her kin spent their days flitting from flower to flower, Willow preferred the company of the trees. She would spend hours nestled among the branches, listening to their stories and weaving spells to protect them from harm.

One sunny morning, as Willow danced among the dappled sunlight, she heard a faint cry for help echoing through the forest. Following the sound, she stumbled upon a young squirrel named Nutmeg, trapped in the branches of a towering oak tree.

"Oh, dear Nutmeg, how did you find yourself in such a predicament?" Willow exclaimed, her heart filled with concern.

Nutmeg trembled with fear, her tiny voice barely above a whisper. "I was playing with my friends when I climbed too high and got stuck. Please, Willow, can you help me down?"

With a gentle smile, Willow fluttered up to Nutmeg's side and began to weave a spell to free her from the branches. With a soft shimmer of magic, the branches loosened their grip, and Nutmeg tumbled into Willow's waiting arms.

"Thank you, Willow! You're the best fairy in the whole forest!" Nutmeg exclaimed, her eyes shining with gratitude.

But Willow's work was far from over. As she looked around, she noticed that the forest was quieter than usual, the trees whispering nervously among themselves. Sensing something amiss, Willow set off to investigate, her wings shimmering in the sunlight.

Her search led her to a clearing deep in the heart of the forest, where she found a group of lumberjacks chopping down trees with reckless abandon. Willow's heart sank as she watched the ancient oaks and majestic pines fall to the ground, their branches crashing to the forest floor.

Determined to save her beloved home from destruction, Willow summoned all her courage and confronted the lumberjacks, pleading with them to stop their senseless destruction. But they laughed in her face, dismissing her pleas as the ramblings of a silly fairy.

Undeterred, Willow knew that she had to take matters into her own hands. With a wave of her wand, she cast a powerful spell to protect the forest, causing the ground to shake and the skies to darken with thunder and lightning.

The lumberjacks cowered in fear as the forest roared with anger, realizing too late the folly of their actions. With a final flash of light, Willow banished them from the forest, vowing to protect her home from harm for all eternity.

From that day forward, Willow was hailed as a hero in the enchanted forest, revered by creatures big and small for her bravery and kindness. And as she danced among the trees once more, her heart filled with joy knowing that she had saved her home from destruction.

And as for the lumberjacks? Well, they never dared to set foot in the enchanted forest again, knowing that they would face the wrath of Willow the Tree Fairy if they ever tried to harm her beloved home.

And so, the forest remained a sanctuary of peace and magic, thanks to the tireless efforts of one brave fairy and her unwavering dedication to protecting the natural world.

La Encantadora Historia de Willow, la Hada del Bosque

En el corazón del bosque encantado, donde los árboles antiguos susurraban secretos y la luz del sol se filtraba entre las hojas como hilos dorados, vivía un hada caprichosa llamada Willow. Con alas brillantes y un destello travieso en sus ojos, Willow era la guardiana del bosque, cuidando de sus habitantes con atención y amabilidad.

Pero Willow no era como cualquier otra hada en el bosque. Mientras que sus compañeras pasaban sus días revoloteando de flor en flor, Willow prefería la compañía de los árboles. Pasaba horas acurrucada entre las ramas, escuchando sus historias y tejiendo hechizos para protegerlos del daño.

Una soleada mañana, mientras Willow bailaba entre la luz del sol, escuchó un débil grito de ayuda resonando en el bosque. Siguiendo el sonido, se topó con una joven ardilla llamada Nuez, atrapada en las ramas de un roble gigantesco.

"Oh, querida Nuez, ¿cómo te has metido en semejante aprieto?" exclamó Willow, con el corazón lleno de preocupación.

Nuez temblaba de miedo, su voz apenas sobre un susurro. "Estaba jugando con mis amigos cuando subí demasiado alto y me quedé atrapada. Por favor, Willow, ¿puedes ayudarme a bajar?"

Con una suave sonrisa, Willow revoloteó hacia el lado de Nuez y comenzó a tejer un hechizo para liberarla de las ramas. Con un suave destello de magia, las ramas aflojaron su agarre, y Nuez cayó en los brazos de Willow, esperando.

"¡Gracias, Willow! ¡Eres la mejor hada de todo el bosque!" exclamó Nuez, con los ojos brillando de gratitud.

Pero el trabajo de Willow aún no había terminado. Mientras miraba a su alrededor, notó que el bosque estaba más silencioso de lo habitual, los árboles susurrando nerviosamente entre ellos. Percibiendo algo extraño, Willow partió para investigar, sus alas brillando a la luz del sol.

Su búsqueda la llevó a un claro en lo más profundo del bosque, donde encontró a un grupo de leñadores talando árboles con abandono. El corazón de Willow se hundió al ver cómo caían los robles antiguos y los pinos majestuosos al suelo, sus ramas estrellándose contra el suelo del bosque.

Decidida a salvar su hogar querido de la destrucción, Willow convocó todo su coraje y se enfrentó a los leñadores, rogándoles que detuvieran su destrucción sin sentido. Pero ellos se rieron en su cara, despreciando sus súplicas como las divagaciones de un hada tonta.

Sin amilanarse, Willow sabía que tenía que tomar cartas en el asunto. Con un movimiento de su varita, lanzó un poderoso hechizo para proteger el bosque, haciendo que la tierra temblara y los cielos se oscurecieran con truenos y relámpagos.

Los leñadores se acobardaron de miedo mientras el bosque rugía de ira, dándose cuenta demasiado tarde de la locura de sus acciones. Con un último destello de luz, Willow los desterró del bosque, jurando proteger su hogar del daño por toda la eternidad.

Desde ese día, Willow fue aclamada como una heroína en el bosque encantado, venerada por criaturas grandes y pequeñas por su valentía y bondad. Y mientras bailaba entre los árboles una vez más, su corazón rebosaba de alegría al saber que había salvado su hogar de la destrucción.

Y en cuanto a los leñadores? Bueno, nunca se atrevieron a poner un pie en el bosque encantado de nuevo, sabiendo que enfrentarían la ira de Willow, el Hada del Árbol, si alguna vez intentaban dañar su amado hogar.

Y así, el bosque siguió siendo un santuario de paz y magia, gracias a los incansables esfuerzos de un hada valiente y su dedicación inquebrantable a proteger el mundo natural.